_ كيان لوليتا _

دروب مبهمة

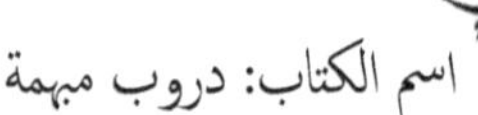

اسم الكتاب: دروب مبهمة

نوع الكتاب: خواطر

تأليف: مجموعة مؤلفين

تصميم الغلاف: رحمة أيمن

التصحيح اللغوي: أميرة سعيد

التنسيق الداخلي: نورا سليمان سيد

رقم الإيداع: 2023/٢٥٢٥٩

الترقيم الدولي I. S. B. N : 978-977-8983-52-4

جمهورية مصر العربية- القاهرة

مدير النشر: أحمد مكي   جهاد محمود

01142340175 ـ01208209008

Ahmedmakay79@gmail.com

دروب مبهمة

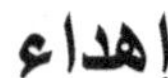

إهداء

إليك يا فقيد قلبي، يا أجمل من رأت عيني، وأرق ما جاور فؤادي أشعر دائمًا باحتياجك، وتمنيت مرافقتك باقية العمر، دعوت بك في سجودي، وأصبحت أنت مصدر دعائي في صلاتي، وطلبك قلبي من ربي، وناداك في كل قيام، وسيظل فؤادي يتمناك يا عزيزي.

بقلم المنشدة/ ليلى العبد

محافظة/ المنوفية

المقدمة

أهلًا بعودتي مرة أخرى، سأخبرك عزيزي القارئ عن الدروب المبهمة، أصبحت قلوبنا تحمل من الهموم، ولم نجد لنا من نحدثه بما نشعر به غير الله، ويظل الله دائمًا هو السند الوحيد الدائم الذي لا يمل ولا يهمل، ولا يخذلنا أبدًا؛ فالحمد لله على ما أعطانا، والحمد لله على ما أخذ منا، ولنا في الله ظن لا يخيب أبدًا.

بقلم/ المنشدة ليلى العبد

محافظة/ المنوفية

عندما كنت أصغر عمرًا بقليل كانت حياتي يملأها الكثير من الأشخاص في بداية تعارفنا، كنت أذهب إليهم يائسًا من متاعب الحياة؛ فكنت أعود حاملًا باقات من الورود بقلبي، وبعد مضي بعد الوقت في صداقتنا كنت أذهب إليهم يائسًا؛ فكنت أعود حاملًا خيبات فوق خيباتي، لم يكن يحدث تغيرات بكم واسع حتى تختلف الردود، لم أفهم يومًا أهي عوامل الزمن كلما مررنا معًا بكثير قلت قوة تحملنا، لم أعد أتعجب من كثرة المقولات عن لذة البدايات، وعن تمنيهم أن يتوقف الوقت على البدايات فقط، أعتقد أن النفس البشرية صعبة الإرضاء بشدة وحب النفس لديها طاغي، أعتقد أننا كائنات معقدة أنصح بشراء حيوان أليف بدلًا من كل هذه الترهات ...

بقلم/ ناريمان زيدان

محافظة/ المنوفية

واقفة الآن صامتة بعد معركة طويلة مع الحياة لم أظفر بشيء في النهاية لا حب، لا أصدقاء، لا مستقبل لم أدري ما فائدة الصراع في النهاية لم أفهم ماذا كنت أحارب، وعلى ماذا كنت مُتسرعة لم أظفر حتى بنعيم يومٍ قضيته! دومًا ما كنت أُريد الغد، ولم أفكر في اليوم فكرتُ كثيرًا كيف سيكون غدي، وعندما أتى الغد فكرت في كيف سيكون غدي، وخسرت اليوم والغد! واليوم أحدثكم من شرفة منزلي الاعتيادية لا من شرفه تطل على برج إيفل أو شيئًا من هذا القبيل! لكنني قررت أن أُهدئ من خطواتي وأحلامي، قررت فقط أن أحظى بمتعة اليوم والغد.

بقلم/ ناريمان زيدان

محافظة/ المنوفية

كنتُ أهتمُ كثيرًا بمن ترك حياتي أن أراقبه، وأرى كيف يعيش بدوني أن أرى إلى حال وصل، هل هو بخير بدوني، وعندما أراه يضحك أشعر بحزن كيف لك أن تضحك بدوني بعد مرور بعض من الوقت، بدأت أشعر برغبة أقل لمتابعتهم، وبعد وقت أكثر نسيت أغلب أحاديثنا، فقدت الكثير من الذكريات، لم أعد أراقب، وبعد وقت أكثر فقدت شكل ملامحهم، وأصواتهم، أعتقد أن بالفعل التخطي يكمن في الوقت، لكن الأصعب كيف تجتاز هذا الوقت لن أعطيك النصائح المعتادة، وأن تحاول أن تنسى، وهذه الأشياء بل سأخبرك أن تتعايش، تعايش مع ما يؤلمك حتى تنساه لو هربت من البيئة التي تؤلمك يومًا ما ستعود لها، وسيعود معها كل ما يؤلمك دفعة واحدة ...

بقلم/ ناريمان زيدان

محافظة/ المنوفية

أحيانًا أجلس في خلوة مع نفسي حتى نخوض بعضًا من الأحاديث معًا، وبعد كل خلوةٍ أخرج حزينة فعندما أُحادث نفسي أرى أني لا أعرف شيئًا عنها ماذا تحب ماذا تُريد لا أعرف! أتعجب أحيانًا كيف أني لا أعرف نفسي! أليس من المفترض أن النفس شيئًا لا يحتاج مني دراسة أو معرفة كيف لي ألا أعرفها!، وبعد وقتٍ فهمت لماذا لا أعرفها؛ لأني قضيت أغلب أوقاتي محاولًا في فهم نفس غيري ماذا تحب، وماذا تُريد حتى نسيت نفسي، النفس تحتاج أن تكون مشبعة بالأحاديث، والنقاشات أقضِ وقتًا لفهم نفسك، وأترك نفس الآخرين لهم بفهم نفسك ستكتمل نواقص حياتك.

بقلم/ ناريمان زيدان

محافظة/ المنوفية

تغيرنا كثيرًا، وتغيرت نظرتنا للحياة كنا ننتظر يومًا نكبُر فيه، ونحقق أحلامنا طوال طفولتنا ظللنا نحلُم كيف سنكون بالمستقبل كيف ستكون وظيفتي هل سأملك سيارة، وأسافر إلى دول العالم هل سأكون شخصًا مؤثرًا، وكأن أحلام الطفولة كلها كانت ستتحقق في اليوم الذي سنكبُر فيه، وها قد كبرنا لم نحقق أحلامنا، لم نملك سيارة، لم نُصبح مؤثرين أخذت الحياة منا كل شيء حتى طفولتنا البريئة، وأحلامنا سلبتها دون رحمة أشتاق كثيرًا للطفلة التي تستيقظ في الصباح الباكر، وتحلُم بمستقبل وردي، أُريد فقط أن أضُمها وأُخبرها ألا تتعلق كثيرًا بالأشياء حولها حلم أو أصدقاء أو حتى أقارب أن أضُمها فقط، وأخبرها أن الدنيا ليست بعادلة.

بقلم/ ناريمان زيدان

محافظة/ المنوفية

انتظرت طويلًا أن أكون ميلينا لدى أحدهم، لكن لم يدخل كافكا حياتي فقررت بعدها أن أعامل نفسي كميلينا، وأكون لها كافكا من الممكن أن يتعجب البعض من ذلك، لكن يجب أن أعامل نفسي كما تحب حتى يأتي من يعاملني كما أحب، يجب أن أُعطي الكثير لنفسي حتى لا تحتاج لأحدٍ أن يعطيها شيئًا، حب النفس ليس دائمًا سيئ، لكن يجب أن تفهم أساسيات حب النفس حتى لا يؤول بك الأمر إلى نرجسية شنيعة، عامل نفسك كما تحب أن يعاملها غيرك تقبل نفسك أولًا حتى تحظى بمن يتقبلها.

بقلم/ ناريمان زيدان

محافظة/ المنوفية

في عمر أصغر كنت أتعجب ممن يتأقلمون نراهم صامتين مختلين بحزنهم، ولا يغيروا شيئًا، وتراهم في غاية التأقلم أن هذه هي الحياة، وليس بشيء في يدهم كنت أثور كثيرًا عليهم، ولا أنفك محاولًا تغير آرائهم، لكن عندما كبرت أنا أصبحت من هؤلاء المتأقلمون، وفهمت أن لا أحد سعيد سعادة كاملة مهما بدا عليه، وإنما فقط اختلافات في مستوي التأقلم، بدأت أنعزل عن الأشخاص، وأقترب من الحيوانات، توقفت عن مصادقة البشر، وبدأت في مصادقة الكتب لا أعلم غدًا ماذا سأصادق أو ماذا سأفعل لا تنفك الحياة عن تغيرنا، وليس للأفضل مع الأسف مهما تمسكنا في الجيد حتمًا هناك شيءٌ ما سيسوء حقًا ليست بعادلة.

بقلم/ ناريمان زيدان

محافظة/ المنوفية

وما زلت أتذكر حينها نجلس معًا، وأتكئ على كتفه، ويمسد على كتفي، ونخوض معًا أحاديثٍ كثيرة، كم كان يُحدثني عن لطافتي، وكم تتبسم الحياة بوجهه حين أُعطيه إحدى ضحكاتي، لم أرَ في حياتي أحدٍ، ينجذب لضحكاتي مثله، لم أكن يومًا أعرف إنها رائعة يُعطيني ثقة كبيرة بنفسي من دون أن أبذل مجهودًا، لا أعلم كيف يقع في عشق هذه الملامح أحيانًا أكون في أصعب لحظاتي حينما أراه أذهب إليه، لأضمه بدون أحاديث، وحينها ينعم عليَّ بدفء صوته، وبنبرة مشبعة بحنان، وهو يمسد على ظهري، ويخبرني ماذا بك يا فتاتي.

بقلم/ ناريمان زيدان

محافظة/ المنوفية

وعندما كنا نتشاجر أو يحدث شيئًا ما بيننا، وكالعادة أَخذ دفعاتي، وأُغلق هاتفي وأحظره من كل وسائل تواصلنا، وعندما يُحدثني مرة أُخرى أُخبره كم أنا لست مُبالية بوجوده، ولا يلينُ قلبي تجاهه مهما ذكرني بما كان بيننا، ومهما أخبرني كم يُحبُني لا أُبالي به أيضًا، ولكن كان يُخبُرني شيئًا ما كان يزيد من خفقات قلبي عندما يقول طل عليا كلما وجدتني حزين يُشعرني، وكأني قمرٌ أتاه في ليلة مليئة بالظلمة، وأضاء عتمة حياته كم أنه شعور رائع.

بقلم/ ناريمان زيدان

محافظة/ المنوفية

يأتيني معتذرًا!! أيشفي قلبي باعتذاره! أنسى ذكريات أليمة صنعها باعتذار أنا من فتحت بابي حتى لا يتعب في فتحه، أنا التي وقفت له خارجًا، وانتظرته ليأتي، أنا التي لم تضع له مصاعب للوصول لقلبي أيتركني، ثم يأتني باعتذار فأنسى! والله لو بدل قلبه وقلبي، وآتاني بمجرة لي لا أسامحه لو وضع العالم بين يدي لن أغفر له، سأتركه للذكريات حتى تُغرقه سأتركه لأفكاره ليلًا تقتله، ولن أُشفق عليه سأتركه خلفي يتألم، وسأغلق بابي، وأضع ألف سد بيننا، وليهدم كل هذه الحصون، وليفتح بابي ويأتي ثم سأرفضه، وأتركه يغرق في ظلامه، هذا هو العدل لكل ما فعله.

بقلم/ ناريمان زيدان

محافظة/ المنوفية

تتمنى الموت ولا يأتي، وكأنك يئست من شدة معارك حياتك، وكأن الكثير أصبح فوقك بمرور كل يوم تفقد جزءًا جديدًا من نفسك، لم تعد قادرًا على مواكبة أيامك، وبدأت تكره كلًا من الليل والنهار، يأتي الليل عليك بأفكاره الكثيرة، وكأنك في جحيم، وتنتظر الصباح حتى ينقذك فيأتي عليك الصباح بصراعاته الكثيرة، وتتمنى أن يحل الليل، وتنتهي هذه الصراعات، وهكذا كل يوم تفقد ما بداخلك شيئًا تلو الآخر تنتظر فقط الخلاص الأخير أن يأتيك الموت.

بقلم/ ناريمان زيدان

محافظة/ المنوفية

صعب أن يكون لك شخصٌ ما كنت تصدق أن الأذى يستحيل أن يخرج منه كنت تصدق أنه أحن منك على قلبك؛ فيؤذيك ويُضيع لك قلبك، وتنتقل أحاديثكم من الاطمئنان، وبعضًا من الأحاديث إلى عراكاتٍ طويلة، وتبدأ بخسارة قدرة استحمالك، وبعد خسارة نفسك، وتقف بين المنتصف لا أنت قادر على البقاء، ولا أنت قادر على الرحيل تقع في المنتصف، ويقع عقلك معك، وتخسر نفسك وعقلك.

بقلم/ ناريمان زيدان

محافظة/ المنوفية

أتعجب من وقت النصائح التي يقدمها بعضُ الأشخاص للغير، وكيف تُلام على شيء في وسط المأزق تخيل أنك تغرق، ثم يأتيك أحدٌ ما ليساعدك، وتجده يلومك أنك غرقت، ولما لم تتعلم السباحة من قبل! أيمكنك إنقاذي أولًا، ثم نرى هذا فيما بعد! سئمتُ من عالم البشر، ومن ترهاتهم!.

بقلم/ ناريمان زيدان

محافظة المنوفية

*****

أيجب أن أنظر إلى النوايا بعد كل شيء سيئ يحدُث لي ؟! حسنًا، أيمكنك أن تفتح لي قلبك لأرى ما بداخله حتى لا أحزن لكلماتك القاسية تجاهي حسنًا، بعد كل موقفٍ قاسي سأتذكر أن نيتك تجاهي كانت جيدة أكثر من كونها سيئة، لكن للمرة المئة لا أعدك بذلك ما سأهتم بما يخرُج منك لا بنيتك.

بقلم/ ناريمان زيدان

محافظة/ المنوفية

من الصعب أن تنتظر شيئًا ما من شخص، وتظل محاولًا، وتظل تُرضي قلبك الجائع بالحب، وأن يروي أرضك حتى لا تبور فيُلقي لك بعضًا من الفتات؛ لكي تصمت قليلًا يُريدك بجانبه، ولا يفعل شيئًا؛ لتبقي بجانبه يرهقك، ويرهق قلبك، ويظل يُريد أن يبقي ما بقلبك ثابتًا، وعندما فقدت كل ما بقلبك، ولما يبقى له سوى الحب بمفرده، تجده بدأ في حبك، لا أعلم لما لا يجب أن يكتمل شيئًا أحبك، وتحبني لما يجب أن تبدأ في حبي، عندما أفقد ما بداخلي نحوك وصلنا إلى مكان أنه يُعطيني ما كنت أريده، ولم أعد أشعر خسرت تصديقي لمشاعره مؤسي أن تسمع أخيرًا ما كنت تُريده، ولكن لا تصدق الكلمات، صدق جبران خليل جبران بقوله: "وعندما تبدئين أنت بنسيانه سيبدأ هو بحبك"، حولني من شخصيه تؤمن بشدة بالحب لشخص يرى الحب ما هو إلا بعضًا من الترهات التي اخترعها البشر، حُكم عليَّ أن أكون مي زيادة، انتظروني في رثاء بعنوان انطفأت.

بقلم/ ناريمان زيدان

محافظة/ المنوفية

أعتقد أن أصعب مرحلة يصل إليها الإنسان هي التأقلم أن تعتاد على الأشياء في حياتك البائسة منها، الاعتيادية بنظرتي هي شيء محزن، أن تعرف دائمًا أنه لا بأس من عدم التغير فأنت لا يمكنك ذلك، وأن لا بأس أن يتكرر ما يحزنك، وأن لا بأس أن تكون اليوم حزين، وغدًا حزين، وكأنك اعتدت الحزن أصبح شيئًا متأصلًا فيك، لا تستطيع الإكمال بدونه؛ فتدخل فيما بعد إلى مرحلة التأقلم أن يحدث ألف شيء يحزنك، وأنت لا تشعر لا أنت بحزين، ولا أنت بسعيد أنت فقط تأقلمت علي حياتك البائسة.

بقلم/ ناريمان زيدان

محافظة/ المنوفية

*****

لم أعد أُبالغ في خوضي للمعارك ليست كل المعارك تستحق، لقد زاد نُضجي وفهمت أن لا معارك في هذه الحياة تستحق، أعتقد أن كوبًا من الشاي يصاحبه بعضًا من النعناع الطازج هو ما يستحق المعركة من أجله.

بقلم/ ناريمان زيدان

محافظة/ المنوفية

كثيرًا من الصفات نضعها لاختيار شريك حياتنا، أعتقد أن الأهم بالنسبة لي أن يكون أرق على قلبي مني، أن يكون كل ما يهمه هو ألا يحزن قلبي، سأعطيه حياتي في المقابل وأن يدفعني للنجاح، لا يغار مما سأُحرزه بل يدفعني لأحرز ما لم يستطع إحرازه، وأن يتقبل انتقاداتي وتغير نفسي في لحظات، أن يتقبلني كما أنا لا يُحاول تغييري، يُعاملني كمعاملة أبي لي وكأني جوهرته، لا يتحمل حزني ولا يكون سببًا في حزني.

بقلم/ ناريمان زيدان

محافظة/ المنوفية

*****

أرى أن الكثير من الأشخاص يتفهون من حزن الآخرين مهما شكوت، وبدوت حزينًا لا نرى حزنك، أعتقد أنا البشر لا نشعر سوى بأحزاننا أما الآخرين فلا نشعر سوى بأن هذه معاتبهم لا معاتبنا، أعتقد أنك يجب أن تموت أمامنا حتى نصدق أنك تتألم.

بقلم/ ناريمان زيدان

محافظة/ المنوفية

بشرٌ لا يستطيعون فعل شيءٍ سوى التغير، من كنت تراهُ أمانك الأمس تكره أن تُحدثه اليوم، لا ينفك كل واحدٍ منا محاولًا إرضاء نفسه، أتعجب لأشخاص كانوا أقرب من جِلودنا يومًا باتوا أغرابًا اليوم غريب أعرف عنه ما يُحب، وما يكره ماذا يفعل في يومه هل هو حزين أم سعيد أعرف كل شيء عنه لكنه غريب، لا أعتقد أن الدنيا تستحق كل هذا لما كل هذا العدوان نحن راحلون ألا نستطع أن نُحب بعضنا، ونترك العالم بهدوءٍ محبوبين لا مكروهين، بئس لسجية البشر.

بقلم/ ناريمان زيدان

محافظة/ المنوفية

*****

وما زلنا مُحتجزين بين فجوات الماضي لا ننساه، ولا نتخطاه، ونبحث عن مستقبل أفضل، يتكرر ما حدث معنا كل يوم حُبسنا في دائرة لا خروج منها تستنزف طاقتنا وأرواحنا، ولا يمكننا أن نجد طريقًا للخارج مقدرٌ لنا أن نبقى في دائرة تؤرقنا حتى تقتلنا وتُغلق.

بقلم/ ناريمان زيدان

محافظة/ المنوفية

لم أرَ في حياتي أعجب من الوقت يجعلك تختلف من شخص يجد متعة في الأحاديث، والنقاشات لشخص لا يتحدث سوى برد السلام حتى من كان قريبًا لقلبك من كنت تتحدث معه، وتعشق الأحاديث معه، وتكرهها مع غيره أصبحت تكره أحاديثك معه تشعر أنك تذبل مجهودًا بشدة معه حتى لو برد بسيط سلبنا الوقت الكثير منا أشخاص أحببناهم، وأشخاص صادقناهم، ولم يعُد يحزنك الفراق تعودت أن تفارق ما تحب.

بقلم/ ناريمان زيدان

محافظة/ المنوفية

*****

أين كان عقلك حينما سمحت لزمام قلبك أن تُفلت من بين يديك، لا يمكنك أن تفلت زمامه، حتى لو وافق عقلك على ذلك لا ينفك الأشخاص أن يتغيروا، ولا يبرعون بشيء كما الخذلان فكر بعقلك، وامسك زمام قلبك لا أحد يريدك أن تقع ضحية معتوه من البشر.

بقلم/ ناريمان زيدان

محافظة/ المنوفية

لا يؤتمن من يتركك لحيرة عقلك، لا يؤتمن من لا يُخبرك عن مكانتك، ولا يتركك لتفكير عقلك، لا يؤتمن من تُخبره عن ما يؤرقك فيفعله، لا يؤتمن من يعرف أن ما يفعله يُحزنك ويفعله، لا يؤتمن حتى لو كان بقلبه حبٌ لك، الحبُ وحدهُ لا يغير العالم كما فهمنا من قصص الأميرات، الحب يحتاج الكثير حوله لا يُعنيني حُبك إذا بقي بقلبك وحدك، ولا تُعنيني مشاعرك لي إذا لم تُظهرها، بدأت أرى فكرة الزواج والحب ما هي إلا بعضًا من الترهات.

بقلم/ ناريمان زيدان

محافظة/ المنوفية

*****

أنا من كنت شاهدًا على كل لحظاتي المؤلمة، أنا من تخطيت كل هذه الآلام وحدي لم أرَ منكم يد امتدت لمساعدتي، أنا من وقفت هنا، وحاربت كل هذه الأشياء، حاربت الجميع؛ لكي أنجو ونجوت، أرجو منك عدم الحكم عليَّ أو إخباري بأني ضعيفة، انا من أرى نفسي، وأرى ماذا تحملت، لا يمكنك ولا تجرؤ على ذلك.

بقلم/ ناريمان زيدان

محافظة/ المنوفية

لو كنتُ أعرف أن هذا ما يحدثُ حينما تُحب ما أحببت لا أرى أيًّا من قصصِ الحب تُكمل لنهايتها، يخبرُونا فقط أنهم تزوجوا ما بعد ذلك، لا أحدَ يُخبرنا عنه أخبرونا أن الأمير أتى لإنقاذ سندريلا، ولم يُحدثا أحد ما فعل فيما بعد، لم يُحدثنا أحد عن شجارات الأمير معها، وعن مدى تقبله لتقلباتها، أعتقد أن قصص الحب جميعها مزيفة، عندما يصل الجميع إلى نقطة ما معًا يتمنوا أنهم لم يدفعوا كل هذا الكم من المشاعر للحب، أعتقد أن تحظى بحيوانٍ أليف في شقةٍ هادئة تطل على كل ما هو أخضر يُريح النفس، وتغاضى عن تراهات الحب والزواج.

بقلم/ ناريمان زيدان

محافظة/ المنوفية

****

يؤثر فيك البُعد مرة ومرتين، وفي الثالثة لا تتأثر تعتاد على ذلك صدقت أن كل المشاكل علاجها الوقت، وأحزانك أيضًا علاجها الوقت، من الممكن أن تُصبح متبلد المشاعر هذا شيء وارد الحدوث، لكن أنظر لنصف الكوب لن تشعُر بشيء مرة أُخرى عزيزي.

بقلم/ ناريمان زيدان

محافظة/ المنوفية

أتعجب كثيرًا لبعضِ التعليقاتِ التي أراها، لفتني تعليقٌ لشخصٍ ما، أنه حينما يقع منه كوب شايٍ يجلس للبكاءِ عليه، ويُشغل عقلهُ هل هو خيرٌ أم لا وقوع القهوة خير فماذا عن وقُوع الشاي؟!، بعضُ الأشخاص مؤمنون بالبكاء على المسكوب، لماذا أبكي على شيءٍ سُكب، وبإمكاني ملؤه مرة أخرى، وفر بكائك لأشياءٍ ستُسكب منك، ولن تستطع ملأها، نخلُق أسبابًا لنبتئس بسببها تراهات البشر!.

بقلم/ ناريمان زيدان

محافظة المنوفية

*****

يمر عليَّ الوقت، وكأني سلحفاة تمشي على ظهرها يحل الليل عليَّ، ويتوقف عنده وقتي بالمرور أختنق ببطء حتى يسطع النهار لا أعلم هل يعيش الجميع بهذا الشكل أم أنا وحدي من أعاني في ظلمات الليل إنها حقًّا ليالي خانقة لا أعتقد أن اوقاتي المملة في الصباح تستحق كل هذا العناء ليلًا أتمنى الذهاب سريعًا من هنا.

بقلم/ ناريمان زيدان

محافظة/ المنوفية

أعتقد أن هناك علاقة قوية بين المرأة والمبالغة، أنا أيضًا امرأة وأبالغ أيضًا، لا أفهم كينونة مشاعرنا في الحقيقة أشعر بأن بها اضطراب شديد نبالغ في حزننا، ونبالغ في سعادتنا، وأكثر ما لا أفهمه كيف نرى الأمور فعندما نحدث أحدًا ما على مثال أنه توقف قليلًا عن الكلام في نظره أنه توقف ليستريح أو ليلتقط أنفاسه، أما نحن فنراها أنه مل من الحديث، لم يعد يحب الحديث معنا لم نعد مرغوبًا بنا، عقل حواء لا يقدر عليه إلا من كان رجلًا من صلب آدم

بقلم/ ناريمان زيدان

محافظة/ المنوفية

أتعجب من بشر يكذبون بكل شيء في حياتهم، وعندما تخبرهم أنهم يجب أن يتعاملوا ببعض من اللطف معًا، ولا يلزم الصراحة الشديدة المفعمة بالوقاحة في الانتقاد تجده ينظر لك، ويتعجب هل تريدني أن أكذب! لا عزيزي أكذب بكل شيء في حياتك، وعندما يأتي الأمر للرفق بالمشاعر حتمًا يجب أن تكون صريحًا جارحًا، عالم مليء ببعض من الأمساخ الملقبون بالبشر.

بقلم/ ناريمان زيدان

محافظة/ المنوفية

مراره الكتمان أهون بكثير من مرارة البوح، عندما تبوح لشخص ما عن شيء يؤرقك تجاهه أو تجاه حياتك، وتعري نفسك أمامه، وتظهر ضعفك فيستغل نقاط ضعفك، كم من أشخاص استأمناهم على متاعب حياتنا، وفعلوا بنا ما لم تفعله الدنيا بنا، واقفة اليوم بعد كثيرًا من المحاولات للثقة بالبشر الخبثاء أخبركم أن مرارة الكتمان أفضل بكثير من البوح، لا تختر أن تثق في بشر حتى لو سيريحك هذا بعضًا من الساعات سيؤرقك فيما بعد بعضًا من السنوات.

بقلم/ ناريمان زيدان

محافظة/ المنوفية

سئمت من طي الصفحات والبدء بأخرى، سئمت من كم هذا الخذلان أهذه هي الحياة! أيجب أن أخذل أيجب أن أكون حزينة، لقد انتهت صفحاتي، ولم يعد بإمكاني طي واحدًا، والبدء بأخرى انتهى ما كان بيدي ما كنت أستطيع إعطائه، انتهت معه قدراتي على تخفيف ألم غيري، لم أعد أستطع الإصغاء لمشاعر أحدٍ أصبحت حياتي تنزلق من بين يدي، وكأني على حافة الموت، ولا يحالفني الحظ لأن أموت.

بقلم/ ناريمان زيدان

محافظة/ المنوفية

أنا فقط شخص متعب للغاية سئمت من البشر من حولي أعطيتهم الكثير، ولم يعطيني أحدًا شيء، ولم يبقَ لي أحد في النهاية تركوني في المنتصف، لم أعلم أكانت بشاعة مني أم منهم، لقد كنت طفلة كانت الدنيا بعيني مفعمة بالورود، الآن الورود بعيني أصبحت سوداء قاتمة تهلكني ذكرياتي كل يوم عن من رحل، ومن بقي، ومن سيرحل، لم أعد أستطيع أن أثق بأي شخص، شيء ما بداخلي يخبرني دومًا أنهم راحلون فلا داعي للتعلق بالأحلام الواهية.

بقلم/ ناريمان زيدان

محافظة/ المنوفية

*****

أتستحق الحياة حقًّا كل هذا الألم في قلوبنا، وكأن قلبي أصبح مضخة للآلام، لم يعد فيه لحظة سعيد، ولا حتى تراوده ذكري سعيدة كآبتي أصبحت تفترسني يومًا بعد يوم إن لم يؤول الأمر لموتي أعتقد أنه سيؤول لانتحاري.

بقلم/ ناريمان زيدان

محافظة المنوفية

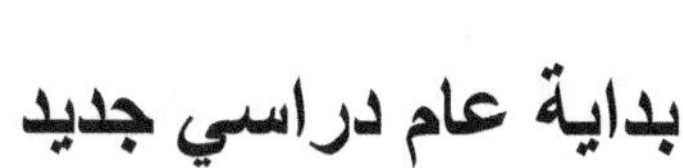

بداية عام دراسي جديد

في هذا الوقت من السنة الماضية كنت أرتب أحلامي، وأفكر في دخولي كلية أحلامي، والالتحاق بها وسعادتي، وشعور الفرح كان يملأ قلبي، لكن أتى العام الدراسي الذي كنت أنتظره بفارغ الصبر، وأنا محطم الأيادي فقد فقدت حلمي، وتبعثرت صداقاتي، وأشعر بالفشل، وأني لا أمتلك أي شيء حتى فقدت ثقة أهلي الوحيدين، كنت أنتظر هذا العام حتى أشعر بالفرح، ودموع الفرح، لكن حدث عكس ما كنت أتوقع فصرت أشعر بالحزن، وتبدلت دموع الفرح التي كنت أنتظرها إلى دموع حزن ووجع، وأصبح أهلي يلوموني على الكلية التي التحقت بها، وأني ابنتهم الفاشلة التي لم تستطع أن تسعدهم في حياتها بأي شيء، وأصبحت أشعر بالأسى على نفسي، وعلى حالتي، ولكن الحمد لله فهذا قدر الله الذي لا أستطيع أن أغيره مهما حدث راضية يا الله بكل هذا الوجع.

بقلم/ منه خالد ''فراشة''

محافظة/ المنوفية

انتظرتك وما زلت أنتظرك

بعد مرور وقت طويل على فراقنا، انتظرتك كثيرًا؛ كي نعود سويًّا مرة أخرى ككل مرة.

أنت لي وأنا لك

ولكن هذه المرة بلا جدوى مر شهر، ومن ثم شهر تلتهم شهور أخرى، ولم تعد، ولم أعد أستمع لصوتك، ولا أرى ملامحك التي تذهب عقلي، وترسم ابتسامة تكشف حبي أمام الجميع، لم أعد أراك، ولو صدفة.

توقف الوقت والزمن عند لحظه فراقنا، لم أستطع تجاوز هذا الفراق حاولنا كثيرًا أن نكون سويًا، لكن كان للقدر رأي آخر أن نفترق،

أشتاق إليك كثيرًا، أشتاق لسماع نبرات صوتك عند انشراح صدرك، وعند استيقاظك من النوم، وعند حزنك حتى عند الغضب كنت اعتاد نبرة مختلفة منك أفتقد كل هذا، ما زلت أفتقد صوت ضحكاتك، وكأنها شفاء روحي.

أريدك أن تعلم أنك ما زلت في قلبي، وستظل للأبد مهما فرقنا الزمان، ما زلت أحبك يا عزيزي.

بقلم/ منه خالد "فراشة"

محافظة/ المنوفية

عزيزي كيف حالك، وحال قلبك من دوني أتعلم أن كل شيء قاسي عليا بدونك، وأني لا أستطيع مجاوزه هذه الأيام من غيرك، ولا من غير كلامك، وحنانك عليَّ، أتعلم لم أكن أعرف أن الفراق سينتصر، ويبعدنا عن بعض هكذا ما زلت كل يوم أتصفح رسائلك، وأستمع لتسجيلات صوتك، وأنتظر منك رسالة تخبرني فيها أنك ما زلت هنا بجانبي، وتمسك يداي كي نستطيع مجاورة هذه الصعاب، ما زلت أدعو الله أن يجمعنا ببعضنا مرة أخرى؛ فأنا لا أستطيع بدونك أتعلم أني أظهر للناس أني قوية، وأن كل شيء على ما يرام، وأني تخطيتك، لكن أنا لست عل ما يرام، ولم أستطع مجاوزتك، ولا مجاوزو الوجع في قلبي.

بقلم/ منه خالد ''فراشة''

محافظة/ المنوفية

عزيزي كيف حالك

اشتقت إليك كثيرًا، واشتقت لذكرياتنا، لم أكن أعلم أن هذه الذكريات ستكون بمثابة سكين لقلبي، وأننا سنفترق هكذا كنت على يقين تام بأننا خلقنا لنكون معًا، ونواجه العالم بصعوبتها، لكن اتضح أننا لسنا قادرين على المواجهة بهذا الشكل، وتركت يدي في منتصف الطريق لكن أتعلم أنا ما زلت بانتظارك بانتظار رسالة منك لتوضح لي فيها لماذا تركتني في منتصف الطريق برغم كل ما حدث بيننا، وكل هذه المشكلات لم أستطع أن أكرهك أو أن أتخطاك أنتظرك في جميع الأماكن؛ كي تأتي إليَّ مرة أخرى، ونضع أيدينا معًا، ونتغلب على كل هذه المشاكل، ونثبت للعالم بأكمله أنك خلقت لي، وأنا خلقت لك.

بقلم/ منه خالد "فراشة"

محافظة/ المنوفية

بدأ الفصل الجامعي الجديد

كنت أعتقد أني سأكون متحمسة لبداية مرحلة جديدة في حياتي، لكن على عكس ما توقعت فقد فقدت الشغف، ولا أريد أن أذهب للجامعة التي أرغب الالتحاق بها، ولكنه القدر الذي اختارها لي، لم أكن أعرف أن حلمي سيكون بمثابة سكين لقلبي، وأنني لن أستطع الالتحاق بكلية أحلامي، وأنها ستكون بمثابة حلم لم أستطع تحقيقه، أجلس في غرفتي أبكي؛ لأنني لم أنل حلمًا سعيت لأجله كل السعي، ولم أستطع إفراح أهلي، وإدخال السرور عليهم.

بقلم/ منه خالد "فراشة"

محافظة/ المنوفية

أحببتك

لم أكن أعلم أني سأقع في الحب هكذا، وأني سأحبك لهذه الدرجة أحببت عينيك مع أنني أقل الناظرين إليها أحببت بسمتك، وضحكتك، وصوتك أغرمت بكل شيء بك يا عزيزي لو أن أحد أخبرني قبل هذا أني سأقع في الحب لهذه الدرجة، وأنك ستمتلك قلبي هكذا لم أكن سأصدقه لكن اليوم اقتنعت كل الاقتناع أني أحبك بل أغرمت بك، وحفظت كل تفاصيلك حفظك الله يا عزيزي، وأدامك لي في الدنيا والآخرة.

بقلم/ منه خالد "فراشة"

محافظة/ المنوفية

التقينا

رأيتك اليوم بعد مدة طويلة من الفراق الذي تركتني فيه تركت قلبًا أحبك بصدق، وتعلق بك، وذهبت لتقضي بقية حياتك مع امرأة غيري امرأة لن تحبك مثل ما أحببتك مهما فعلت التقينا اليوم، والتقت عيني بعينك، وقلبي بدأ يخفق، وكاد أن يقلع من مكانه من التوتر، وبدأت أرتعش، وبدأت أصابع يدي تتجمد رأيت في عينيك أنك لم تعد تحبني، وأنا ما زلت يا عزيز قلبي أحبك، وما زلت أشتاق إليك قل لي كيف لي أن أتوب عن حبك، وأن أكمل الباقي من حياتي بدونك مثلما فعلت أنت.

بقلم/ منه خالد "فراشة"

محافظة/ المنوفية

عزيزي

كيف حالك اشتقت إليك كثيرًا أخبرني كيف تمر أيامك بدوني ألم تشتاق لسماع صوتي ألم تفتقد ضحكتي التي كنت تعشقها بعد ... آه على قلبي، وحاله في غيابك

كيف لي أن أخبرك عن ما حل بي منذ ذهبت أتعلم أني من فرط اشتياقي إليك أخرج إلى شوارع بلدتنا يوميًا متجهة نحو بيتك، لا أعلم لماذا، ولكني أكرر هذا الفعل في اليوم أكثر من ثلاث مرات فقط؛ كي أراك، وتستأنس روحي بنسيم عطرك العام فالأرجاء أتعلم لا زال عطرك مميز كل شيء فيك أذهب؛ كي المحك فقط راجية من صميم فؤادي أن تلتقي أعيننا فلا العقل يكف عن التفكير بك، ولا القلب تخمد نار حبه، وشوقه لك فقط أود أن أطمئن أنك بخير لا تقلق يا عزيزي فلا تنتهي ذكراك في عقلي إلى هنا من بعدها أذهب إلى بيتي، وأفكر فيك مليًا.

بقلم/ منه خالد "فراشة"

محافظة/ المنوفية

يومًا ما

سأقف أمام حلمي سأكون فخورة بنفسي، وبكل خطوة مشيتها سيكون كل هذا بفضل الله ثم بفضلي سأصل إلى أحلامي يومًا ما، وأشعر بالفخر بنفسي حينها فلا أحد يؤمن بأحلامي غيري.

بقلم/ منه خالد ''فراشة''

محافظة/ المنوفية

*****

لا بأس لن أحزن

عسى الله أن يعوض قلبي عن كل هذا الفقد الذي فقدته، عساني أرى الفرح، والسعادة قريبًا، عسى الأمور تتحسن، وتجري على ما يرام.

بقلم/ منه خالد ''فراشة''

محافظة/ المنوفية

ها قد مضى عام كامل على أول حديث دار بيننا مضى من الأيام ما يعادل ثلاثمائة وخمسة وستون غروب شمس على وقوعي في حبك أود إخبارك أنني أذوب هنا في هذا المحيط أكثر فأكثر التقينا فأحببتك كثيرًا دون شعور مني بموعد بدأ هذا الشعور بيننا، ولكن الكون لم يرغب أن يرانا معًا فافترقنا، ولكني ما زلت أحبك ما زلت أتذكر كلامك، وابتسامتك حتى غضبك اشتقت إليك كثيرًا أتذكر كل شيء يعود أصله لك فقط أريدك أن تعلم أني أحبك.

بقلم/ منه خالد "فراشة"

محافظة/ المنوفية

*****

أتمنى أن يجمعني بك كوب قهوة فنجلس نحتسيه معًا، وأنا أنظر إلى عينيك الواقعة في حبهم، ونستمع معًا إلى الموسيقى الهادئة في الشرفة، تحت الأمطار الباردة، حيث النسمات الباردة، ونتبادل الحديث والضحكات سويًّا، وأخبرك أنك عزيز قلبي من قبل أن تأتي.

بقلم/ منه خالد "فراشة"

محافظة/ المنوفية

افترقنا أنا وصديقي منذ فترة طويلة، انقطعنا عن الحديث كان صديقي المفضل كنت أشاركه أوجاعي، وأفراحي لم أكن أعلم أننا سنفترق هذا، وأنه سيصبح من أكبر هزائمي، وأنني أستطيع تجاوزه فقط ما زلت أحبه وما زلت أتذكر كل أحلامنا سويًا، وما زالت صوره على هاتفي، اشتقت لصديقي كثيرًا.

بقلم/ منه خالد ''فراشة''

محافظة/ المنوفية

***

اليوم

شعرت أني فراشة تطير، ولم تسع الغرفة أجنحتي من السعادة فقد أخبرني شخصي المفضل أني كل ما يملك، وأنه يسعى لأجلي، ويواجه الكثير من الصعوبات؛ كي نكون معًا، وأخبرني أنه مستعد أن يضحي بأي شيء كي نكون معًا لأول مرة أشعر أن أحد ما يحبني بهذه الطريقة، ومستعد ليقدم لي كل شيء؛ كي يرى فقط ضحكتي لا تفارق وجهي.

بقلم/ منه خالد ''فراشة''

محافظة/ المنوفية

لأول مرة أستشعر معني كلمة الغربة مرة نعم أنا أعشق السفر والخروجات، لكن لا شك بأني بدون أهلي، وبدون دعمهم لا أستطيع مواجهة العالم، كنت دائمًا أحلم أن أعيش وحدي، وأن أواجه العالم وحدي، لكن بعد التجربة الأولى لي في الغربة أيقنت أني لا أستطيع مواجهة هذا العالم وحدي بدون أهلي، وأصدقائي بدون كل الأشخاص الذين أحبهم، ويهونون عليَّ مشقة الطريق.

بقلم/ منه خالد ''فراشة''

محافظة/ المنوفية

*****

لم أكن أتوقع أن ينتهي بي المطاف وحدي أن تترك يدي في منتصف الطريق أن أتعرض للخذلان منك، أنت الذي سلمته قلبي، ولقبته بحبيب أيامي، لم أكن أعلم أننا سنفترق لهذه الدرجة، ولكني اشتقت إليك، وأعلم أنك لم تشتاق إليَّ، ولم تحبني مثل ما أحببتك.

بقلم/ منه خالد ''فراشة''

محافظة/ المنوفية

مرت شهور وعدة أيام، وأنا ما زلت في الشوارع أبحث عنك في كل شخص، ولا أجدك أشم رائحتك فيرفرف قلبي من فرط السعادة الذي فيها، وألتف حول نفسي لأضمك إليَّ؛ لأنني اشتقت إليك اشتقت لكلماتك اللطيفة اشتقت لندائك لي بجميلتي، ولكني لا أراك أبحث عنك في كل مكان حولي، ولا أجدك يا عزيز قلبي كنت وما زلت أول حب في قلبي مرت شهور على فراقنا يا عزيزي ألا تشتاق إليَّ، ألا تشتاق لسماع صوتي كما كنت تزعم أنك تحب سماع صوتي، قلبي يتألم يا عزيزي من فراقك، وعقلي يخبرني أنك لم تعد تتذكرني، وأن أخرى جاءت وسرقت مكاني في قلبك، ولكن قلبي يكذب عقلي، ولا يصدقه، ويخبره أنك ستأتي إليَّ، وسنعود يومًا ما.

بقلم/ منه خالد "فراشة"

محافظة/ المنوفية

إلى عزيزي

أريدك أن تعتني بنفسك جيدًا، أريدك أن تكون معي في كل شيء أريدك معي، حتى ولو في أحلامي، لم تكن حياتي جيدة طوال فراقك؛ فلذلك لا تتركني أعلم أننا في موقف لا نستطيع به الكلام، لكن أنت من أيقظتني من ذاك العالم المخيف الذي لا يشبهني أنت حقًّا من تشبهني، أريدك أن تعلم أني أحبك يا عزيزي

حسنًا اعتني بنفسك جيدًا، ولا تتركني مرة أخرى إلي اللقاء يا عزيزي.

بقلم/ منه خالد "فراشة"

محافظة/ المنوفية

*****

لقد رفضني صديقي المفضل أو الذي كان صديقي هذه المرة أيضًا، رفضني بعد كل التلميحات، وبعد كل هذا الحب الذي ما زال في قلبي له رفضني، وكون صداقات أخرى، وأنا ما زلت عالق في ذكريات الماضي الذي كان بيننا، رفضني بكل الطرق رفض رجوعنا، رفض وقوفنا بجانب بعض

بقلم/ منه خالد "فراشة"

محافظة/ المنوفية

أراك في كل الأماكن، أراك في كل الوجوه، لم يعد طيفك يفارقني نهارًا حتى وإن جنّ الليل وجدت روحي تشتاق للُقياك، وما إن نظرت للسماء حتى رأيت وجه يشبه وجهك إلى حد ما فدائمًا ما يحاول بدر سمائنا أن يتشبه بك، حقًّا أملك له ما يفوق السبعين عذرًا، الحق كل له فمن يراك لا يستطيع أن يُذهب عيناه عنك، وما إن حدثناك حتى طاحت الكلمات، وتلعثم اللسان، وتطايرت جميع حروف الكون برمتها، ويا ويل من نظر لعيناك غفلة فمن هنا قد توقف الزمن، وسُرق العقل، واحتل الهوى قلب رأيِك، ومهما حاول فلا خروج من تلك الفجوة إلا إن أمرت بفك أسره، وهذا القيد لن يفك إلا بشيء لا يعلمه سواكما.

سأحدثك عنه قريبًا ...

انتظرني ...

بقلم/ راندا حبيب

محافظة/ المنوفـية

كلما وقعت في محنة، وابتلعتني زوبعة حياتي التي لا وصف لقساوتها بكلمات، بل بسطور، وأبيات، ومعلقات، دعوت الله أن يقرب ذلك الميعاد الذي لطالما علقت به قلبي، وسكنت به آلام اعتلت روحي، وأسندت رأسي على جدار غرفتي محاولة اسكات صوت عقلي الذي اعتصر قلبي ألمًا عند سماع حديثه مع ذاته، لطالما تمنيت قرب هذا اليوم، وبكيت تضرعًا لرب الأرض، والسماء راجية عفوه عن أي ذنب قد بدر مني، وأن لا يكون عاقبة ذلك الذنب هي أن أُحرم من هذا اليوم.

لطالما انتظرتك وما زلت أنتظرك فلن يقدر على تجميع شتاتي، وتهدئة قلبي، واحتوائي "سواك".

فارس عالمي الخاص أتمني ألا تغيب عني كثيرًا فلم أعد أعلم لأي حد سأحتمل تلك الأوضاع التي فُرضت عليَّ ...

بقلب فيه أحزان تبلغ عنان السماء أرجوك أن تسرع فالطريق طويل، ولم يعد لي القدرة على السير وحدي.

بقلم/ راندا حبيب

محافظة/ المنوفية

جدتي

حفيدتك اشتاقت إليكِ حد السماء، اشتاقت للكلام معكِ اشتاقت لأن تشارككِ كل لحظاتها، واشتاقت لنصائحك، لم تكن تعلم أن الفراق صعب هكذا حفيدتك ليست على ما يرام بعد وفاتك، لقد وعدتيها أن تقضي معها جميع الأوقات، لكن قضاء الله وتركتيها جدتي جميعنا في البيت مشتاقون لكِ مشتاقون لصوتك، وصوت ضحكاتك إنني أقاوم في هذه الحياة بعد وفاتك، أدعو الله دائمًا أن تكوني في جنته، وأن يجمعني بكِ في أقرب وقت غفر الله لكِ جدتي، وجمعني بكِ في جنته.

بقلم/ راندا حبيب

محافظة/ المنوفية

أيها البعيد عني في آخر المدى

كيف صنعت من اللاوجود ... تواجدك

كيف رددت فيَّ الروح رغم ميتتي ألف مرة كل واحدة فيهن تلي الأخرى..

رغم كل هذا الفراغ حولي

كيف أحطت بي، كيف يكون في غيابك كل هذا الحضور.

أشعلت بي نيرانًا تُهشم حواسي ظاهرها وباطنها، ولكن أستمر في طريقي مقبلةً على الحياة راغبة لُقياك يومًا، وعناقك العنيف الذي يحمل الكثير مما لا نستطيع البوح به في اليوم ذاته، اشتقت لك عزيز قلبي، لك مني التحية والسلام، والسلام لقلبك.

بقلم/ راندا حبيب

محافظة/ المنوفية

في بعض الأحيان يبعث الله لنا نورًا لم نكن نتوقع مصدر انبعاثه، كل منا يختلف شعاع نوره عن الآخر.

فقد يأتيك ضياء حياتك علي هيئة أحدهم، مكان يلهم قلبك الطمأنينة، حدث جديد يغير من منظور رؤيتك للحياة أجمعها، أما إن كان الضياء مُرسل لك على هيئة أحدهم فهنيئًا لقلبك ويا مرحبًا بموضع السعادة الجديد في أيامك.

ثق بأن كل ما يأتيك خيرًا، وإلا لم يكن ليؤتيك الله إياه.

بقلم/ راندا حبيب

محافظة/ المنوفية

أعجب لحالي

كيف أكون هكذا بعد كل ذلك البكاء، وبعد تلك الليالي الطويلة الشاقة التي تسفك دماء قلبي قطرة تلو الأخرى، كيف لي أن أستيقظ بتلك الحيوية، والنشاط والروح المرحة ... لافتةً أنظار جميع من حولي بهجتي التي تُنشَر حيثما وضعت قدمي، وسُمِعت نبرة صوتي، كيف أبتسم بذلك الشكل، وكأن شيء لم يصب قلبي يومًا قط، كيف لي أن أظهر تلك الكفاءة في كل ما أذهب لإتمامه، من أين لي بتلك البصمة الخاصة، كيف لي بضحكاتٍ تداوي قلب أسير حربٍ أُهلِكت جميع مشاعره، وليس لديه مأوي بعد أن فقد رشده، كيف لي بكل تلك الطاقة.

أهذا فصام أم براعة تمثيل أم من الممكن أن تكون تلك هي طريقتي التي تساعدني في تخطي كل ما أواجه!!

من الملحوظ أنني لم انتبه لهذه التقنية الخاصة بي مسبقًا ...

أيُعقل أن يوجد إنسان يجمع بين كل الصفات حقًا!، يبدو لي أنني جميلة للغاية بالفعل كما يُحدثني حبيبُ عيني دومًا.

لا لا أثق أن هذا لطف الله بقلبٍ حنون تعلق به، ولا يعلم ما يعتليه سواه.

هنيئًا لي بقلبٍ كهذا

وهنيئًا لمن تملك قلبي

صدقًا، هنيئًا لمن عرفني فأحبني وجعلني محبةً له،

كم أنني أُمثل فراشةً بقلب محارب كما أُخبرت قبل.

بقلم/ راندا حبيب

محافظة/ المنوفية

قلبي العزيز

أعلم أنك لم تنل ما أردت يومًا، وحتى تلك المرة التي راهنت بها بكل ما تمتلك، وظللت تحاول جاهدًا حتى لا تدع لذاتك شيء تستند عليه من حجج، ولا أقاويل فارغة ... اعلم أنك لم تتحمل القليل طوال تلك الرحلة، كوني على درايةٍ كافية عن كيف كانت المسيرة طوال عناء رحلتك، وكيف كانت تأخذ من روحك وتنطفىء ما فيك شيئًا فشيء، وكيف كنت تكمل رغم استنزاف طاقتك ... كل هذا يؤلمني لأجل عجزي تجاهك.

كيف تعيش الآن، وما شعرت به أمس والذي ستعيشه غدًا لا يشعر به أحد سواك، والشعور ليس بمقدار قربك بمن حولك فمهما بلغ قربهم أنت المُبتلى في مطلبك فقط، ولا أحد سواك.

لا أحد يعلم كيف حاولت، وكيف تحاول وتنازع إلى وقتنا هذا لا تسعى لإثبات شيء؛ فالقلب ملك لك وحدك، ومشاعرك كذلك لن تقدر على مشاركتها مع من يمتلك غير قلبك؛ ولأن هذا مستحيل بكل لغات العالم، والعلم معًا وبكل مقايسنا الكونية فلتحتفظ بما تشعر لذاتك فهي الميت، والمُعزي، وكل القبور.

لا أحد يعلم ما القادم فصبرًا من يعلم "لعل ما كنت ترجوه يومًا يأتيك الخير عنه غدًا".

بقلم/ راندا حبيب

محافظة/ المنوفية

كلما وقعت في محنة، وابتلعتني زوبعة حياتي التي لا وصف لقساوتها بكلمات، بل بسطور وأبيات ومعلقات ...

دعوت الله أن يقرب ذلك الميعاد الذي لطالما علقت به قلبي، وسكنت به آلام اعتلت روحي، وأسندت رأسي على جدار غرفتي محاولة إسكات صوت عقلي الذي اعتصر قلبي ألمًا عند سماع حديثه مع ذاته، لطالما تمنيت قرب هذا اليوم، وبكيت تضرعًا لرب الأرض والسماء راجية عفوه عن أي ذنب قد بدر مني، وأن لا يكون عاقبة ذلك الذنب هي أن أُحرم من هذا اليوم.

لطالما انتظرتك وما زلت انتظرك فلن يقدر على تجميع شتاتي، وتهدئة قلبي، واحتوائي "سواك".

فارس عالمي الخاص أتمني ألا تغيب عني كثيرًا فلم أعد أعلم لأي حد سأحتمل تلك الأوضاع التي فُرضت عليَّ ...

بقلب فيه أحزان تبلغ عنان السماء أرجوك أن تسرع فالطريق طويل، ولم يعد لي القدرة على السير وحدي.

بقلم/ راندا حبيب

محافظة/ المنوفية

سَئِمتُ من كَوني وحيدة، سَئمت من كوني الركن الهادئ، والملجأ المضمون للجميع، سَئمت من كوني حجر الزاوية في حياة من هم حولي ...

سَئمت من كون أن لا أحد أتعب ذاته ولو لمرة، واستقطع من وقته برهة، وفكر في أمري ...

أنا أُكذب ... نعم أنا أُكذب فأنا لا أريد "مجرد أحد" بل أريد أحدًا بعينه فوالله لو سُمِعَ صوت تحطم ما بداخلي لبُكِيَّ على حالي.

فقلبي أضعف من زجاج هش، وأحلامي كانت تُبنَي على أساسات وُضِعَت من قِبَل الغير "فقط"؛ لأنني وثَقِت ولم يكن على هذا.

فوالله لا أحد يشعر بسوء النهاية الآن سوايا أنا.

كلٌّ منهم يضع رأسه على وسادته، ولا يُبالي

فما قَولُك في مَن تُرِكَ "وحيدًا" بقسوةٍ تكاد تهزمُ جبال تحملت حِمَمٍ بركانية، ولكنه بعد تلك الوحدةِ، ورغم قسوتها لا يزال يهتم، ما زال يعبأ لأمرهم، ما زال يفكر، ولا يَنفِك يتوقف.

ولكن بعد كل تلك الكلمات لا شيء يتغير، وكأن الأيام تتوعدني قائلة: "ستبقين وحيدةً مهما فعلتِ".

ستبقى حياتك بالنسبة لهم خيطُ حرير يتباهون بجماله، وينسجون منه أثواب يلتفون بها، وإذا لزم الأمر مزقوا الثوب لصُنع حبل نجاةٍ لهم.

أنتِ فقط خيط من حرير بالنسبة لهم.

ويا حسرةً على حالي، وحال قلبي.

بقلم/ راندا حبيب

محافظة/ المنوفية

لا أتذكر كم عدد تلك المرات التي تمنيت فيها ذلك، ولكن ولأول مرة أتمناها بكل هذا التوسل والرجاء ...

كم أرجو أن يخيب حدسي، وتخطيء رؤياي ، وأفاجئ بأن كل ذلك فقط من تعثر ذاكرتي، وناتجٌ عن أضرار كانت تلاحقني في كوابيسي.

بقلم/ راندا حبيب

محافظة/ المنوفية

*****

اعتدتُ أن لا أُظهر حُزني أمام أحد

أن أتحدث فقط عن الممكن الحديث عنه، أن أكون السيئة في جميع الروايات عوضًا عن أن ألقي نظرة شفقة من عين أحدهم، أن أتألم وحيدة خير من التبرير لأحد.

فلا أحد سيذكُر لك أنك آمنته علي ذاتك وإحدى ندبات قلبك، ولا ذاتك ستغفر لك ما فعلته بها عند البوح بإحدى أسرارها أمام أحدهم، اكتفي بذاتك فهي أفضل السيئَين.

بقلم/ راندا حبيب

محافظة/ المنوفية

خُذلت من أقرب الناس إلى قلبي أو من الممكن أنني تسرعت في الحكم عليهم، وتحدثت قائلةً عنهم "أقرب الناس".

أعتقد أن سبب هذا هي الوحدة التي أعيش فيها منذ زمن بعيد فقد فرح قلبي بحبِه لأحدهم فأخطأ، وقال أنه أقرب الناس إليه لم يعلم أنه سيخذل بهذه السرعة ...

أعيش خذلانًا لا مثيل له ...

أعيش كتائهٍ فالبراري لا تعرف ماذا تريد، كمغترب في بلاد أجنبية لا يعرف كيف يطلب العون، كضائع في صحارٍ يجهل طريق العودة، قد ضاعت مني هويتي، وفقدت الطريق حقًّا فقدت الطريق بسببهم، فلا بارك اللهم لهم، ولا سامحهم الله.

بقلم/ راندا حبيب

محافظة/ المنوفية

تبًا لك

صِدقًا تبا لك ... لما يستوجب عليَّ أن أحبك فأنت ألد الأعداء إليَّ.

أنت من أبكاني من الدموع كسيلٍ منهمر.

أنت من قسيّت على قلبي، ولم تأخذك بحاله الرأفة.

أنت من جعلت مُقلتيَّ عيناي في أسوء حال لهما بلا رحمة.

أنت من دمرت ما تبقى بداخلي، وظللت تأكله كالنار فالهشيم.

أنت ناكر لكل جميل كامرأة العنكبوت.

أنت لست فقط الأقسى بل أنت الأسوء على الإطلاق.

ولكن ...

ما باليد حيلة فأنت فقط من أكمل معي طريقي حتى هذه اللحظة، وكأنك مصير قُدِر لي.

تبقي أنت أفضل المسيئين.

تبقي أنت أحن القُساة، بعد هذا وذاك تبقى "ليل" قاسٍ لا يَحتضنُ، ولا يُطمئِن، تبقي ألد الأعداء، وعليك السلام يا ناكر السلام لقلبي.

بقلم/ راندا حبيب

محافظة/ المنوفية

أكتب كلماتي هذه وسط سيول من الدمع المنهمر، والكثير من الحزن المتراكم والخذلان، والعديد ثم العديد من الصرخات المكبوتة، فما بداخلي من آلام وحطام لا يمكن وصفه بشيء من الكلام، كل ما يهم الآن أني سأتخلى عني.

"سأتخلى عن النسخة القديمة مني" تلك النسخة اللي شوهها كل من أهملها كل من أعطاها، ثم انتشل منها ما أعطي بقسوة، كل من أحاطها بوهم المحبة القادمة من السماء، وأيقظها على صفعة من نار.

مرحبًا بكل ما هو جديد وقادم، مرحبًا بما يرضيني وربي، مرحبًا بما يريحني، ولا سلامًا لكل ما يؤذيني ولو بمقدار ريشة وسط الأطنان من الصلب.

فقط مرحبًا وبارك الله فيما يطمئنني، ولا سلام على من يرهقني، ولو بطرفة عين.

بقلم/ راندا حبيب
محافظة/ المنوفية

لا أحد يخرج من الحب حيًّا ... كل شخص فينا يموت فيه جزء لا يحيا، ولو أحب بعد ذلك مئة مرة ... يموت فينا الإحساس بالأمان، ذاك الدفء الذي يستقر أسفل الوريد، ثم يختفي ليترك مكانه صقيعًا لا يدفأ، يموت فينا الحب النقي، تلك الدقات الخجولة للحب التي تجعلنا لا ننام ليلًا من فرط التفكير المستمر فيمن نحب، التي تجعلنا أيضًا نركض، ونغني، ونقفز، ونتصرف ببلاهة كالأطفال خلال روتين يومنا التقليدي فقط لتذكرنا لذلك الذي أحببناه من صميم الفؤاد، كما تفضحنا حين يبتسم الثغر، وتلمع العينان، وتتهافت الأنفاس، وتتسارع دقات القلب حتي يكاد يسمعها الجميع مِن مَن حولك عند حدوث شيء يُذكر فيه من تُيِّم القلب به حتي ولو كان مجرد ذكر ذكر اسمه المكون من بضعة أحرف ...

كل شيء يموت.

وحدها الذكريات تبقى لتذكرنا بمدى غبائنا وسراجتنا، لتوجه لنا الصفعات واحدة تلو الأخرى ...

تلك الذكريات التي تمثل وصمة عار في تاريخ مشاعرنا، لتذكرنا بخيبة أملنا في أحدهم.

الذكريات تبقى لتذكرنا في كل مرة ننوي فيها الصفح بأن الثقة إن ماتت، لا مجال بعدها لأي شيء؛ لأن كل شيء يموت بموتها ... حتى الحب!

بقلم/ راندا حبيب

محافظة/ المنوفية

كم أرغب في تواجدك معيَّ الآن، كم أرغب أن آتي إليك مهرولة فتحضنني بشدة، كم أرغب أن تُقبل جبهتي مطمئنًا قلبي محدثًا إيايا: لا تخافي عزيزة قلب أبيكِ فها أنا ذا هنا.

أبكي وأنوح وأشتكي، تستمع إليَّ بكل إنصات، وتقدم لي جميع الحلول، ولكنك لا تعلم أن بمجرد تطويق ذراعيك حولي، وجعلي كزهرة بداخلها قد حُلت المشكلة.

فقد اطمئن قلبي بك.

ولا زلت أتمنى أن أشعر بتلك التربيتة على كتفي من جديد مشجعًا إيايا في مواجهة الآتي، وعدم الخوف من المستقبل ...

حقًّا اشتقت لك ولكن، تبقى هذه رغبات، وليس كل ما يريده المرء يدركه كما علمني أبي، وعزيزي، ونور عيني في ظلمات الفكر المفرط، حقًّا اشتقت لك.

بقلم/ راندا حبيب

محافظة/ المنوفية

وضوح الرؤية مع في الأوجه الحقيقة للأشخاص، ولكن ما يحزن قلبك أنك كنت على صواب، لا تأتَمن أحد على ما تبقى منك فيجعله "كهشيم المحتضر" بلا رحمة أو إحساس، ولكني بساذجتي وبلاهة قلبي اعطيت الأمان مرة أخرى تحت مسمي "المشاعر قد رقت من جديد" تبًا لتلك اللعينة.

بما يفيد الندم فقد ائتُمن على ذلك القلب وانتُهِكت حرمة أمانته، لقد حُدِّث أحدهم في البداية عن مرات الخذلان، والخوف، وعن الرُهاب من الرجوع لتلك النقطة مرة أخرى، لقد تحدثتُ عن كل ما فعلوه؛ كي لا يُفعل مرة أخرى فيعتصر ما تبقي مني.

ولكني أخطأت الاختيار تلك المرة هي الأخرى فأصبحت كالأبله عندما وضعت الثقة في من لم يكن يستحق أن يصبح محط ثقة، فالقلوب مسؤولية، لا يجب أن تعطيها لمن لا يعرف قيمتها، ولعل الله ينزل علي قلبي السلام تلك المرة فيُرمم ما بداخلي.

لن أغفر، ولن أعفو، ولنا عند الله قصاص، فلا جنة لك، ولا نار بسببي ستُترَك كالمعلقة قلوبهم بما لا تستطيع أيديهم أن تنال، ولو بعد حين.

بقلم/ راندا حبيب

محافظة/ المنوفية

وتبقى يا ولدي وحيد مهما اجتمع حولك من الناس أقوامُ

تبقى بمفردك رغم رؤية كل من أحاطوا بحياتك أنك "محبوب الجماهير".

لا أحد يعلم أنه قد أحاط بغلاف حياتك بل بطبقة من الغلاف.

تبقى وحيدًا للأبد رغم كل من كنت بجانبهم لكي لا تعود لجحرك المظلم مرة أخرى ... وستبقى هكذا إلا أن يأتي من ينتشلك من عتمة قلبك إلى نور حياته بل ستكون أنت حياته

بقلم/ راندا حبيب

محافظة/ المنوفية

*****

لا غيّبَ اللهُ وجهَ حبيبٍ عن حبيبه،

ولا أذاقَ أحدًا مرارة البُعد بعد حلاوة القُرب،

ولا صقيع الوحدة بعد دِفء الونس.

بقلم/ راندا حبيب

محافظة/ المنوفية

وفجأةً اعتلى قلبي شعور بالحزنِ الشديد، أردتُّ فجأةً أن تحتضنني وسط زحام فوضى كل من قلبي وعقلي؛ رغِبتُ في أن تُعيد ترتيبي من جديد، ففتاتُك الآن مرهقة، مجهدة كثوبٍ بالٍ وجبَ حياكتَهُ من جديد.

كم أشتاق لأنفاسك تدفئني، وهمساتك تخترق قلبي قبل أُذناي، كم أتُوق لشم عطرك الممزوج برائحتك الخاصة التي لا طالما ميزتُك بها من بين الحشود حتى وإن كُنت مغمضة العينين.

كم أودُ أن أُخبيء أشيائك وتأتي ممازحًا إيايا، وأنت تعلم أنني من خبأتُها، كُنت أُخبِئُها للفت انتباهك فصغيرتك تُحب أن تداعبها.

أرغب في البكاء بين أُضلعك بشدة كما اعتدت أن أفعل، وما إن تلمسني حتى تستمع لدقات قلبي التي عَلَت صوت الناقوس.

أمُرُ بفترةٍ عصيبة يا عزيز قلبي آهٍ لو يتفق القدر مع مشيئتي تلك المرة بحق من قالها، ولكن ماذا أفعل الآن!!

فلا القلب يهدأ من قسوة الاشتياق لك، كما أن حبك بداخلي أصبح كالنار فالهشيم، وكأن فؤادي كان ينتظر أول نبضاته ليدق لأجل حبك نعم والله فأنت لقلبي الحبيب الأول، وباتت نار شوقي لا تهدأ، ولا رماد نيراني تتطاير، اشتقتُ لك كثيرًا، ولكن ما العمل!!

أنت لم تعد هنا الآن ولا أعلم متى سنلتقي أتوق لرؤية عيناك، ورسم البسمة على ثغرك الذي دام يُقبلني بجُنُو، وكأنه يُقبل قلبي قبل جبيني، اشتقت لك يا أبي فهلا تعود رجاءً؟

بقلم/ راندا حبيب

محافظة/ المنوفية

واختر لنفسك شخصًا إذا قست عليك الأيام يكن لك فيه عشم لا يخيب، يوم كتبتُ هذه العبارة لأول مرة حدثتَني بانزعاج شديد وسألتني غاضبًا ألم تجدي هذا الشخص بعد؟ ألستُ شخصكِ الذي لا يقسى عليك؟ ألستُ من تضعينَ عشمكِ فيه دون خوف ولا تردد؟؟

وقت إذٍ أجبتُك مسرعةً خوفًا من أن يحزن قلبك، ولو لبرهة "لا يا عزيز قلبي، والله إنك لشخصي الأحن والأقرب لقلبي، لا محل لأضع عشمي فيه أأمن من قلبك، لا ملجأ لقلبي يحويه أرق من حبك فبالله وتالله إنك لقطعة مني أُبعِدت عني دون إرادتي، لكنني تعمدت كتابتها عندما أحزنتَ قلبي لثوانٍ وأشعَرتني أني لا مكان لي في قلبك، فقط أردتُ أن أرى كلمة أحبك عزيزتي في عينيك، ولم أشترط أن تُحدثني حتى بها بشفتيك".

هُنا فقط صمت وترقرقت عيناه بدموعٍ تكاد تُضيء من شدة توهجها، وما أن مرت الثواني إلا وقد ذرفها كطفل صغير انهمر في بُكائه عندما أُخِذ منه ما أحبه، وشبّ على عشقه.

أود أن تتواجد أمامي الآن لأسألك ماذا حدث لذاك الصغير!!

أتوقف عن حبه هذا؟ أم تحجر قلبه؟ أم إعتاد أن يَحزن قلب من أحبَتهُ بسببه؟ أمعقولٌ أن يكون قد تَعلمَ الجفاء من كثرةِ الابتعاد؟ ألم يعُد يشتاق لها بعد الآن؟ أليست تلك صغيرته؟ أليس هذا من قال لها أنه كجبلٍ تحتمي خلفه أمَدَ حياتِها؟؟ أيُعقل أنه تخلى عنها؟

الكثيرُ والكثيرُ من الأسئلة تعتلي القلب قبل العقل، ولكن أين الإجابة؟

بقلم/ راندا حبيب

محافظة/ المنوفية

وأين تذهبُ الفتاة إذا تخلى عنها من أحبت؟!

أين تذهب إن ذهب عنها حبيبها الأول، ومن تعهد لها أن يكون الأخير كذلك

لمن تَلجأ إن غُلِّقت جميع الأبواب في وجْهِها، ورفضها الجميع حتي ملجَأها.

لمن تصرخُ وتبكي وتُشارك ما بداخلها!؟

لمن تَبوحُ طفلة الثامنةَ عشرةَ عامًا بما يعتلي عقلها، ويَجوبُ شوارعَ مدينتها القلبية الصغيرة؟!

لمن تذهبُ بعد أن تخلى عنها أول أمانٍ لها في دنياها فتركها والدها بدون شفقةٍ، ولا رحمة، ولا زالت تَرجوهُ من داخلها أن يُعلِمها سبب تَخْليه عنها منذ وُلِدت؟!

لمن تذهب وقد تخلي عنها الخال الذي بمثابة أبٍ ثانٍ، والعم الذي يمثل رداءَ سِترها.

لمن تذهب إن لم يكن لها أخ ولا صديقٍ ولا رفيق!؟

لمن تذهب بعد أن تركها أغلى حبيبٍ لها حتى وإن كان ذهابُه بمشيئةِ الله، وليس له دخلٌ في ذلك، ولكن وربي فُراقه قد آلَمَ أسوأ من ألمِ الخبيث الذي يَسري بالجسد شهورًا، وليلةً بعد ليلة يأكُل من عافيته ... فَفِراقُه أخذَ من رَوْحِها.

لمن تذهب بعد أن تركها قطعةً من قلبها، وقد وَضعَت فيه كل أمَالها.

قد حَدثَت ذاتها ليالٍ وليالٍ عن فارِسها ذاك الذي جاء لِيَعيدَ ترتيب حروب قلبِها، ويدفئ برودةِ مشاعرها، ويُطمئنُ خواطِرها، ويحتضِنُ قلبها الصغير مُعلِنًا سكونَ مدينتها الجميلة.

لمن تذهب إن تخلى عنها الجميع، وما ذنب تلك الطفلة ذات الثمانيةَ عشرةَ عامًا؟!!

أكُلُّ ذلك لأنها أحبت الجميع بصدق!!!

لا سلامٌ عليهم، ولا سامحهم الله، ولا سامحها الله أيضًا فرغم كُلَّ ذلِك، وما زالت تشتاقُ لهم مُر الاشتياق.

أرجو أن لا يذوقَ أحدٌ مرارة التعلُّق، ولا ألَمَ الفِراق، ولا عناء التخلّي، وأن لا يطول به الحال السيئ إن تعرض لهذا.

السلامُ لقلوبِ الجميع فجميعنا أطفالًا حتى، وإن تظاهرنا بأننا كِبار.

بقلم/ راندا حبيب

محافظة/ المنوفية

وما بال الحزن مسيطر عليّ لما كل هذه الآلام ، لما تتوالى الجروح واحدًا تلو الآخر!

العيب فيَّ؟

أم في الأجواء المحيطة بي؟

أم هو لي أُناس جعلتنا ننفر من أنفسنا، ونكره ما نحن عليه الآن ...

فلا طاقة لنا اليوم، ولا أمل في غد فقد فَنِي الشغف، وتراكمت عليه أتربة الحسرات.

لا يوجد الآن سوى براكين مُوقدة تفيض بجلد الذات على ما مر ...

حقًّا لم أعد أعلم أين الخلل، ولا ماذا حدث في الكوابيس التي لا تزال تراودني، والمنامات السيئة التي لا زالت تفزعني صارخه كطفلة صغيرة رأت وحش الخزانة التي اعتادت أن تهرول منه خائفة مستترة في جلدها فيما مضى.

نسألك يا الله العون فأخشى أن القادم حافل بما لا أتمناه لأعدائي.

بقلم/ راندا حبيب

محافظة/ المنوفية

كالتائهة في أرض ملائتها الفوضى لن أستطيع أن أُطلق عليها أحداث بل هي حقًّا فوضى كل مَن حولك غير عابئ بغيره كالقطيع الهائج، والمندرج تحت تأثير مواكبة العصر الوضيع الذي نعيش فيه، ولكن مهما كان مقدار تلك الفوضى، ومقدار إشفاقي على من ينغمسون فيها دون شعور فإشفاقي على حالي قد تخطى حدود الهند والسند.......

لما كل هذا الضجيج بداخلي ألم نتفق يا عقلي على إعطائي هدنة، ولو لفتره وجيزة!

أليس بيننا اتفاق مسبق

آهٍ على حالي، آهٍ على ما دسست في نفسي، ولا يعلم عنه سوى الله.

أبعد كل هذا الصبر ومازالت الحياة تود مني الأكثر والأكثر، أنا لا أمانع البتة ولكن، من أين لي بكل تلك الطاقة التي تعنني علي مشقة دربي الطويل.

فالانعزال عن ذاك القطيع يحتاج لطاقة.

والسير معهم يحتاج لطاقة اخري تضاعف الطاقة المسبقة لأصمت عن ما أرى، ومعارضتهم ليفيقوا، ويشعرون بك تحتاج أعمارًا فوق أعمار، وبالله لن تستطيع تغييرهم أيضًا.

بتنا في مجتمع لا نشعر فيه بمن يسكن لجوارنا، بتنا نفكر في أنفسنا بشكل يرضي من حولنا.

فليعيننا الله علي ما نحن فيه فوالله إن الثبات على دينه، وأداء شريعته، والاقتداء بسنة نبيه أصبح كالكبائر في يومنا هذا، لا تجعل مصيبتي في ديني يا رحمن

بقلم/ راندا حبيب

محافظة/ المنوفية

بتُ في الآونة الأخيرة أنظر في المرآة فأكاد أُذهل من هول ما ترى عيناي.

فقد ضَمُرت ملامحي وذبُل وجهي، وها هي تلك الرمال السوداء أحاطت بعيناي كمن يود ابتلاع فريسة ضعيفة.

صدقاً حزِنتُ لما أصابني فكم أرهقتني رؤيتي لذاتي بهذا المشهد الهذيل لقد كنتُ "كالأوركيد" في زهوتها بمنتصف مارس، واستئثارها لقلوب كل من رآها ...

حتى بِتُ وأصبحتُ في شحوب مريض مُحتجز في غرفة ظلماء يكاد يلفظ أنفاسه الأخيرة، ولكن لا بأس

سنعـود يومًا

سنعود عما قريب، ستشرق شمس قلوبنا مرةً أخرى، ستهطل الفرحة علينا بغزارة قطرات المطر في مساء أمشير؛ فكلي يقين "أننا سنحيا بعد كُربتنا ربيعًا وكأننا لم نذق بالأمس مُرًّا".

بقلم/ راندا حبيب

محافظة/ المنوفية

ذهبت إليه لتشكي من أوجاعها فقد تَعالي قلبها أَلَمٌ جديد جعلها تعتصرُ حزنًا، ولكن ما به " إذ هو ليس هنا "

كانت تودُ أن يحتضنها لتنهمر كمحيط هائج يحاول إطفاء براكين قهرها وغضبها وقلة حيلتها، ولكن كلما تمنت شيء إذ بعقلها يُعلمُها أنه (مستحيل الآن)، وأن لا شيء من هذا وذاك سيحدث.

فلا تنسَ أنه لم يعد هنا، وألّا تتناسى أن كل شيء لم يعد كسابق عهده، وتزيد آلامها حقيقة مريرة؛ فهي كالمنتظرة لوقوعها أثر التحقيق، والاتهام، وكل ما يُهلك المتبقي من شتات روحها بل ليست كالمنتظرة هي المنتظرة حقًّا ... ألا إن معرفتها بشخص من سيتسبب بذلك يقتلع من قلبها، ويغرز فيه من الألم كمن يروي تربة خصبة بالهموم، وكل ما يهلك عضلة بحجم الكف.

هي فقط كانت تود أن يعود بها الزمان لتحضنه أكثر تلك المرة، محاولة إقناع ذاتها بوهمٍ أن ذلك سيُعينها على تحمل غُربته عنها الآن.

شَعرَت بما لا تتمناه لألد أعدائها فلعنة الله على كل ألمٍ أَلَمَّ بها، وهتك مشاعرها، وأدى بها لتسقط من الحافة هاوية متضررة لا بميتة فتنفك ترتاح من أعبائها، ولا بمتعافية فتظل تحتمل ما تمر به بصمت.

لا بارك الله في ذاك الشعور فوالله وبالله ما أقسى أن تشعر بالغربة مع من تلخصت حياتك فيه.

بقلم/ راندا حبيب

محافظة/ المنوفية

في طريقي كنت أسمع من تقول أنها أحبت هذا، وعشقت ذاك، أرى من تقول أن علاقتها بسينٍ وصاد قد مضى عليها عامًا واثنتين وعلى صوتها الفخر، وتلمع عيناها كأنها امتلكت شهابًا من سماء زُحل.

لم يعلموا أن أوسكار المحبين إن وُجدت فهي لي أنا حتمًا، لم يعلموا يومًا أني أشفق علي حالهم؛ فلم ولن يُيتّم قلب أحد منهم كما تُيّم قلبي، ولم يمض وقت على ذكرانا كذكراهم فلا عامًا، ولا اثنتين، ولا خمس أعوام فذكرى مولدي الثانية كانت في ذلك الحين منذ إحدى عشر عامًا مضوا.

عن من وماذا، وكيف أحدثهم عن قمري البتول ..

أحببت من لا يجد فيه شرفاء قومه سهوًا ولا خطأ، أحببت من خجل منه البدر وقت اكتماله إذ به هَلَّ أو قَدُم من بقعة ما، أحببت من إذا رأيت ابتسامته انفرجت أساريرك دون إدراكك، وكأنك مسلوب الإرادة.

أما عن حضوره فيهابه كل من عرفه حبًا وتقديرًا لشأنه، ورغم ذلك فهم لا يعلمون كم أن شأنه أعظم بكثير مما علموا ...

عزيز قلبي أكتب إليك من جديد معلنة لك بكل حب أنني أحمد الله علي لقياك، وأفتخر بكوني أميرتك، دُمت ملكًا لقلبي، وعونًا لي مِن الدنيا ومَن فيها.

بقلم/ راندا حبيب

محافظة/ المنوفية

عن ماذا أحدثك ... تعجز كلماتي عن وصف ما بي

آتي إليك بأسوأ حال تراني كمبني قديم هشمته الأيام، وأراك مُقدمًا عليَّ غير عابئ بما يحدث.

تنتشلني من كل خيباتي، أحزاني، جميع آلامي التي ألمّت بفؤادي كحصنٍ منيع يعزل قوت روحي عني.

أراك كالصّديق في حبه لذات النطاقين، أراك تارةً كعثمان عندما يخجلُ اذ حدثته من حوله بأنه من المبشرين بالجنة، فتعاملني كأني جنتك في الأرض، وتسعى لتجمعك بجنان السماء.

أعجب لِلُقياك كثيرًا، وبين أحايين وأخرى تكاد تنفجر رأسي من سؤال واحد مبهم لا إجابة له.

"لمَ أنا!"

وما المُميز فيَّ!

وهل أستحق كل هذا الحُنو السرمدي منك!

قد ذاب قلبي منذ ندائك لي متفوهًا بإحدى أسمائي المفضلة التي أطلقتها عليَّ في الوهلة الأولى من تلاقي حبيبتنا، أندمج وتجرفُني رمال أفكاري، وإذا بعقلي يتواطأ مع قلبي معلنو الإجابة المجهولة لشوط من الزمان، مذكرين إياي بتلك الليالي

التي أقمتُ فيها ليلي لرب الأرض والسماء أبكي بكاء المستغيث، كالملهوف المتعطش لأن يتجرع الماء.

دعوت الله مرارًا ومرارًا دون كلل، ولا ملل سألته أن يرزق قلبي السلام، وبثُ أكررها ليالٍ متلاحقات كالشهب في السماء، وإذ بدعواتي القلبية قد استجابت، وفي عشية يوم بات لي مجهول الهوية، والأحداث صادفتك، "واستوطن السلام قلبي"

لم أعلم فقط أنك من بُعث لي بل بات يقينًا ما بداخلي أنك ستظل ملجأي، وملاذي من الدنيا، ومن فيها

رأيتك بعين قلبي إذ بك مُمسكًا بيدي حتى أبواب جنة الرحمن الثمانية، حائرين من أين نأتيها فقد شرعت في الأخذ بي لأبوابها.

تو لُقياك فبِثُ أستقيم وأعين حالي على نفسها حتى لا أُحرم لذة السكون جوارك لا دنيا، ولا في دار الآخرة

مُنزل السلام لقلبي لك مني التحية والسلام ...

بيننا لقاء يومًا، ولم ينتهي حديثنا بعد.

بقلم/ راندا حبيب
محافظة/ المنوفية

أحببته وكأن الكون لم يشهد ميلاد رجل غيره، أحببته منذ زمن لم يعرف فيه أحدٌ الحب سوانا، عشقته وعشقته حتى أصبح العشق يخجل أمامي، صارت كل الكلمات تعلن أن الحب قد خُلق لأجل قلبه، والحنين استوطن القلوب جمةٌ منذ الخليقة الأولى تمهيدًا ليوم حنين أوتار فؤادي لطيف خياله.

لم يعلموا أن أوسكار المحبين إن وُجدت فهي لي أنا حتمًا، لم يعلموا يومًا أني أشفق علي حالهم؛ فلم ولن يُيّم قلي أحد منهم كما تُيّم قلبي، ولم يمِض وقت يمضي وقت على ذكرانا كذكراهم فلا عامًا، ولا اثنتين، ولا خمس أعوام حتى ذكرى ميلادي الثانية كانت في ذلك الحين منذ إحدى عشر عامًا مضوا.

عن من وماذا وكيف أحدثهم عن قمري البتول ...

أحببت من لا يجد فيه شرفاء قومه سهوًا ولا خطأً، أحببت من تخجل منه البدر وقت اكتماله إذا هَلَّ أو قَدُم من بقعة ما، أحببت من إذا رأيت ابتسامته انفرجت أساريرك دون إدراكك، وكأنك مسلوب الإرادة.

أما عن حضوره فيهابه كل من عرفه حبًّا وتقديرًا لشأنه، ورغم ذلك فهم لا يعلمون كم أن شأنه أعظم بكثير مما علموا ...

عزيز قلبي أكتب إليك من جديد معلنة لك بكل حب أنني أحمد الله على لقياك، وأفتخر بكوني أميرتك؛ دُمت ملكًا لقلبي، وعونًا لي من الدنيا ومن فيها.

بقلم/ راندا حبيب
محافظة/ المنوفية

البيتُ المسكون

أنام كل ليلة وأنا بداخلي خوفٌ كبير، أشعر أن أحدٍ ما يراقبني في الجوار، وأحيانًا أشعر بنفسٍ خلفي فألتفتُ بأقصى سرعة لديَّ لأرى ما يوجد خلفي، وأتفاجأ بأن لا يوجد أحد فا يزيد خوفي أكثر، أسمع أصواتً غريبة ومخيفة لا أعرف من أين مصدرها، ولكنه صوتٌ مرعب جدًا، كما لو أنه يقول يجب أن تأتي إلينا، وبعض الكلمات الغير مفهومة، والمخيفة أصبح المنزل مخيف للغاية، مهلًا لحظة ما هذا إنه خيال شخصٌ نعم أنا متأكدة أني رأيتُ أحد يمر هنا، ولكن بسرعة مثل البرق، يوجد ظل يقترب مني مهلًا إنه يسرع لقد ظهر كاملًا إنه طويل جدًا، وبلا أعين، مظهره مخيف للغاية، إنه يقترب أكثر من هذا، وماذا سيفعل بي؟

الكاتبة/ أسماء رمضان محمد

''الحلم المتنائي''

محافظة/ الجيزة

الثقة في الله

كل شيء سوف يصبح بخير والنجاح سيأتي، لكن في الوقت المناسب في الوقت الذي يكتبه الله لك، إن النجاح بعد الفشل يعلمك أنك قوي، وتخطيت الصعوبات، وهنا تشعر بلذة النجاح.

الكاتبة/ أسماء رمضان محمد

"الحلم المتنائي"

محافظة/ الجيزة

*****

شخص ما

كنتُ أتمنى أن تكون غيرهم ليس مثلهم، ولكن خذلتني، وأصبحت أسوأ منهم، قال أحد لي لا تنظري للخلف، وانظري لما هو أمامك، وأكملي الطريق حتا لا تقعي ولكن يغلبني الشوق إليكَ وأنظر خلفي فا يتجدد بداخلي كلامه مجدًدا وأسترد نظراتي من الخلف إلى الأمام.

الكاتبة/ أسماء رمضان محمد

"الحلم المتنائي"

محافظة/ الجيزة

هل أستحق هذا؟

لماذا؟

لماذا فعلت هذا بي تركتني في ضعفي، وأنا بحاجة كبيرة إليك كنت لي ملجأي وأماني، لماذا رحلت وأنت تعلم أني متعلقة بك لم يكن لي غيرك أتعلم كل ليلة أفكر في كلامنا وهمساتنا ونظرة عيانك البنيتان لي، لم أنسَ أي شيء ما زلتُ أتذكر كل كلمة قولتها لي، وكل شيء مر علينا أتذكره، أتمنى كل ليلة أن تعود لي، ويرجع كل شيء كما كان، وترجع ابتسامتنا التي لا تفارق وجهنا، ولكن يأتي في خيالي أسئلة كثيرة هل من الممكن أن تعود؟ وإذا عدت هل سأنسى كل ما حصل، وأبدأ من جديد؟ أم أسامحك، وأنسى تحطيم قلبي وانكساري، رغم كل شيء جميل تركته بداخلي إلا أنك تركت بي ندبات لن تتغير مع الزمن.

الكاتبة/ أسماء رمضان محمد

"الحلم المتنائي"

محافظة/ الجيزة

بناء الذات

أنا لا أحتاج لأحد لكي يبنيني أو يكملني، فأنا أبني نفسي بذات نفسي، وأنا كاملة بدون أحد، رغم مشاكلي النفسية، وضغوطات الحياة، لكنني أحاول بأقصى جهدٍ لديَّ أن أبني ذاتي لنفسي وليس لأحد، أحاول أن أخفي عيوبي، وأظهر مميزاتي، عندما تنكسر حجارة، وأنا أبني نفسي أجلب واحدة أخرى ولا أستسلم، أريد أن أكون أفضل من أي شخص لهذا أبني نفسي لشيء أفضل، عندما أنتهي من بناء نفسي سأكتفي بهذا لذاتي وليس لأحد، أنا لستُ ضعيفة لكي أطلب المساعدة من أحد في بناء نفسي أنا سوف أفعلها، وأبهر الجميع بهذا التغير، وهنا سيقابلون إنسانة جديدة.

الكاتبة/ أسماء رمضان محمد

''الحلم المتنائي''

محافظة/ الجيزة

توفيق الله

بعد معاناة وجهدٍ وتعب ها أنا وصلتُ لحلمي أو بالمعنى وصلت لهدفي الأول، لا أعرف كيف أصف شعوري وفرحتي بتحقيق أحد أهدافي، إن وصولك لهدفك ينسيك كل التعب الذي بذلته، حقًّا إن وصولك لحلمك وسعادتك ينسيك كل شيء مر من حزن وتعب وأيام ثقيلة، وهذا يعلمك أن الله لا يضيع أجر من أحسن عملًا.

الكاتبة/ أسماء رمضان محمد

"الحلم المتنائي"

محافظة/ الجيزة

فراقك كسرني يا صغيرتي

لقد أخذك العالم مني يا جميلتي، نعم أسميتك جميلتي لأنكِ كنتي كل شيء جميل في حياتي، أنا حقًّا أكره هذا المرض الذي أخذكِ مني وفرق بيننا، أتمنى كل يوم أن تعودي إليَّ يا صغيرتي، أعلم أنكِ في مكان أفضل، ولكنني أشتاق إليكِ، وإلى نظرة عيناكِ، أشتاق إلى حضنك الذي ينسيني هموم الحياة أشتاق إلى ابتسامتك التي تنسيني أحزاني، أشتاق لكل شيء فيكِ، وكل لحظة تمر عليَّ وأنتِ لستِ بجواري تضعفني، اليوم بدونك يمر عليَّ كألف سنة، وأذهب كل يوم إلى مكانك المفضل الذي كنا نجلس فيه سويًّا، وأتذكر كل شيءٍ حدث بيننا، أتذكر كلامنا وهمساتنا، وأتمنى أن أكون معكِ لأنني لا أقدر على فراقك، أذهب إلى قبرك، وأردد أدعية لكِ، وأيضًا أحْضر لكِّ الزهور التي كنتِ تحبينها، حقًّا إن فراقك كسرني يا صغيرتي.

الكاتبة/ أسماء رمضان محمد

''الحلم المتنائي''

محافظة/ الجيزة

هدوء عاصفتك

أين أنت الآن لماذا رحلت، وتخليت عني كنت تعلم أني أحبك أكثر من نفسي، وكنت تعلم أيضًا أنك يومي عندما تشاجرنا، وسمعت صوتي المنكسر قلت لي لا أنا لا أقدر التخلي عنك، لا أقدر أن أراكِ خائفة هكذا نعم؛ لأنك كنت ملجأي وأماني، ولكن ها أنت أصبحت بعيدًا عني، وتركتني خائفة ومحطمة كل يوم أتذكر كلماتك، وعندما أكون مريضة أتذكر حنانك، وكيف تجعلني سعيدة في ألمي، كل هذا أختفى عندما اختفيت وهاجرتني لا أعلم كيف أثق في أحدٍ بعدك أو أجعله ملجأ لي، إن الخوف تملك من قلبي حقًّا تبقى الطمأنينة أغلى شعور.

الكاتبة/ أسماء رمضان محمد

"الحلم المتنائي"

محافظة/ الجيزة

كن وحيدًا ولكن لا تتوحد

ما زلتُ بمفردي لا أحد معي أذهب هُنا وهُناك، وأرى الأصدقاء سويًّا يأكلون، ويلعبون، وأنا جالسة بمفردي أشاهدهم بحزن وكسرة، تعلمت الوحدة، ومن الوحدة تعلمت الاعتماد على النفس لا أنا متعلقة بأحد يخذلني ينكسر قلبي، وأدخل في حالة نفسية لشدة تعلقي به لا أنا بمفردي رغم أنه شيء جيد إلا أنه علمني عدم الثقة في الأشخاص؛ لأنهم يظهرون كل جميل، ولكن من الخارج فقط، أما الداخل فلا شيء يُصفه من حقد وكراهية، تعلم أن تتجنب الناس، ولا تثق في أي شخصٍ كون صداقات ولكن بحذر، تعلم أن تكون وحيدًا، ولكن لا تتوحد.

الكاتبة/ أسماء رمضان محمد

"الحلم المتنائي"

محافظة/ الجيزة

هلاك قلبي

لم أعد قادرةً على إخفاء مشاعري، لا أعرف كيف أنساك مضت شهورٌ على فراقنا، وكأنها سنوات قلت لي أنني سأنسى بمجرد بعدك عني، لكنني أفكر بك كل ليلة، وأسأل نفسي هل من الممكن أن يعود لي يومًا هل سيعود حبنا فإنني عشقتك أكثر من نفسي فوالله لم أعرف معنى الحُب إلا معك ما زلتُ أذهب إلى أول مكان تقابلنا فيه، وأتذكر حديثنا، وهمساتنا، وما زلتُ أيضًا احتفظ بالقلادة التي أهديتني بها كل مكان يذكرني بك فكيف تريدني أن أنساك.

الكاتبة/ أسماء رمضان محمد

''الحلم المتنائي''

محافظة/ الجيزة

مؤلم جدًّا إن لا تجد من تخبره بأنك تتألم مثلي الآن، أتعلم أود أن أخبرك يا رفيقي أنه سيأتي يوم، لم يكن لي وجود به، وسوف تبحث فيه عني، وربما عن حديثي، وعن تلك الكلمات التي كانت تداوي ما بك من ألم، وتلك الضحكات، ولكن لن تجدني ما سيبقى إلا الذكريات.

الكاتبة/ شهد هشام عبد الفتاح

تخاريف قلب

*****

أود منك أيها القارئ أن تسامحنا؛ لأننا جعلناك تتعثر في إحدى كلماتنا، والاقتراب من قلبك، بما إن الصمت هو صديق حزنك اسمح لي أن أكُن أنا لسانك المعبر في إحدى سطورك فمرحبًا بك في عالمنا.

الكاتبة/ شهد هشام عبد الفتاح

تخاريف قلب

ها أنت كما أنت لم تتغير لم تحسن من نفسك تحاول إخفاء آلامك بداخلك، وتصرخ ليل نهار دون صوت، وتحاول تكررًا التخلص من تلك الوجع، ولكن لا تنجح في تجفيف قلبك من تلك الأوجاع فتعود إلى حيث بدأت، وتختار الصمت وصراخ قلبك يؤلمك، ولكن تتحمل؛ لأنه لا يوجد بيدك خيار آخر في هكذا تكون ليس كل من يضحك سعيدًا، وليس كل من يبكِ مهمومًا فالطير يرقص مذبوحًا من الألم!! نعيش بهدوء وسلام، ولا يعلم أحدًا أن بداخلنا ضجيج عالي دمعات مخفية في الجفون!!

بقلم الكاتبة/ شهد هشام

|•بحور الظلام•|

الخاتمة

في النهاية نتمنى من الله العوض القريب عن الخذلان، الصدمات المتتالية من الأشخاص، ونتمنى راحة لقلوبنا التائهة التي لم تكن مما كانت أبدًا، ونتمنى من الله أن يهدي قلوبنا جميعًا، وأن يصب على قلوبنا صبرًا حتى تهدأ، ويثبتها الله على طاعته ورضاه دائمًا.

بقلم المنشدة/ ليلى العبد

محافظة/ المنوفية